AF679053

—

सफेद इश्क़

कॉपीराइट © 2025 – दिपिन्ती साहा

सर्वाधिकार सुरक्षित।

इस पुस्तक में संकलित सभी कविताएँ पूर्णतः मौलिक हैं और इन पर लेखक का बौद्धिक एवं रचनात्मक अधिकार सुरक्षित है। इन रचनाओं का कोई भी भाग – चाहे वह शब्दशः हो या रूपांतरित – बिना लेखक की पूर्व लिखित अनुमति के प्रकाशित, पुनःप्रकाशित, अनुवादित या वितरित नहीं किया जा सकता।

इस पुस्तक में प्रयुक्त कुछ चित्र AI टूल्स की सहायता से बनाए गए हैं, जिन्हें केवल सृजनात्मक और सौंदर्यात्मक उद्देश्य से प्रयोग किया गया है। इनका कोई व्यावसायिक या विज्ञापन-संबंधी उपयोग नहीं किया गया है।

प्रथम संस्करण: अक्टूबर 2025

लेखक: दिपिन्ती साहा

स्व-प्रकाशन / स्वतंत्र प्रकाशन

ईमेल संपर्क: [dipintisahaofficial@gmail.com]

स्थान: भारत

यह पुस्तक उन सभी को समर्पित है, जिनके अनुभवों ने मेरे मन को इस कदर झकझोरा कि मैं इसे लिखने के लिए विवश हो गई।

ज़िंदगी कभी-कभी हमारी तक़दीर में ऐसी कहानियाँ लिख देती है, जिन्हें स्वीकार करना आसान नहीं होता। ऐसे ही एक दौर में मैंने ये कविताएँ लिखी हैं।
लोग कहते हैं कि लिखने की प्रक्रिया से बड़े से बड़े दर्द को भी कम किया जा सकता है।

मैं उम्मीद करती हूँ कि जैसे इन कविताओं ने मुझे कुछ सुकून के पल दिए,
वैसे ही ये आप सभी की ज़िंदगी में थोड़ी राहत और कुछ अनसुने सवालों के जवाब लेकर आएँ।

दिपिन्ती साहा

इश्क़ के रंग

सवाल और शिक़ायतें

ख़ुद की अहमियत

- ❖ मुझे ख़ास किरदार चाहिए
- ❖ रंगमंच और तलवार
- ❖ कमबख्त सब मुझे सिखाने आ रहे हैं
- ❖ कौन हो तुम?
- ❖ जज़्बातों के रंगीन काग़ज़
- ❖ एक बाक़ी मुलाक़ात
- ❖ सफ़ेद घोड़े पर उम्मीद

रब्ब से मोहब्बत

- ❖ रब्ब से पहली मुलाक़ात
- ❖ हर सवालों का जवाब
- ❖ मैं लेखक हूँ
- ❖ सफ़ेद इश्क़

इश्क़ के रंग

मेरी कहानियों में तुम्हारा किरदार

मेरी कहानियों में मैंने कभी तुम्हें ऐसे नहीं लिखा था,
तुम राजकुमार हो जिसका मुझे इंतज़ार हो – कुछ ऐसे नहीं सोचा था।
पर बेवक़्त कुछ ख़याल आ जाते थे,
जिन्हें शब्दों में उतार देती थी।

मेरे ख़यालों में तुम कुछ ऐसे से हो –
सूरज की रौशनी तो सब के लिए होती है,
तुम मेरे लिए सूरज की नरमी जैसे हो,
जो किसी ने न कभी देखा, न जाना।
तुम मेरे लिए बहती नदी में ठहराव की तरह हो।
होगी तुम्हारी क़द्र पहाड़ों जैसी दुनिया की नज़रों में,
मेरी नज़रों में तो तुम दरगाह की धूल हो,
जिसे कोई भी अपने माथे से लगा लेता है।

मैं चाहती हूँ हम जब भी मिलें,

तुम ऐसे मिलो, जैसे तुम मेरी कहानियों से उतर के आए हो,
मेरे ख़यालों के शब्दों में रंग भरने...

बेख़ौफ़ मोहब्बत

मुझे ख़ूबसूरत सी मोहब्बत नहीं आती –
जो आँखों से उतरकर तुम्हारे दिल तक चली जाए,
बस इतनी सी सुकून वाली मोहब्बत नहीं आती।

मैंने तूफ़ान सा इश्क़ सीखा है –
जो सीधे तुम्हारी रूह में उतरे,
बिखेर दे तुम्हें – वो जुनून सीखा है।

मेरी मोहब्बत तुम्हें तुमसे ना मिलाए
तो क्या फ़ायदा?
तुम तूफ़ान में ख़ुद को ना ढूंढ़ पाये
तो क्या फ़ायदा?

मुझे नज़ाकत नहीं आती,
ना सहूलियत आती है –
मुझे बेख़ौफ़ मोहब्बत में बस उड़ना आता है...

सपनों की ज़हाँ

मुझे ले चलो कहीं,
जहाँ ज़िंदगी अधूरी न लगे
साँसें ज़बरदस्ती न लेनी पड़े।

कुछ ही लोग हों अपने,
पर वो अपने ही रहें।
जहाँ वफ़ा कायनात का हिस्सा हो,
जहाँ इश्क़ हवा में बहती हो।

जहाँ पहाड़ों पे ऊँचाइयों का ज़िक्र नहीं,
सच्चाइयों का ज़िक्र करते हों।
जहाँ तितलियों के रंग
ज़िंदगी के रंग से मिलते हों।

जहाँ ग़म पानी में घुल जाते हों,
जहाँ खुशियों की भी ख़ुशबू आती हो।
मुझे ले चलो वहाँ...

दुनिया दो नज़रों से

लोग कहते हैं – तू जीना सीख जा,
अकेले घूम, दुनिया देख ले।
फिर मैं सोचती हूँ,
देख लूँ दुनिया मैं अकेले –
पर कैसे नापूँगी पहाड़ों की ऊँचाइयों को,
सिर्फ मेरी आँखों से?
कोई तो हो जो तितलियों के रंग ग़लत बताए,
और मैं उसे समझाऊँ।
रात में बैठकर आसमान के तारे गिनने हैं,
तो किसको उठाऊँ?
समंदर में जाकर लहरों से खेलना हो,
पर भीगना नहीं –
ये किसको बताऊँ?

क्या ये सिर्फ़ दुनिया देखने की बात है?

मैं कैसे लोगों को समझाऊँ,

ये तो साथ, दुनिया के हर एक एहसास को जीने की बात है...

सवाल और शिक़ायतें

गुलिस्तां के फूल

जिसको मैं गुलिस्तां दे देती पूरा,
वो बस मेरे बाग़ से एक फूल चुराने आए थे।
कसूर शायद उनके आंखों के पर्दों का रहा होगा,
जो बेपनाह मोहब्बत उन्हें दिखी नहीं।
ए खुदा, बड़ी मुसीबत में डाल दिया तूने मुझे,
जिनकी मोहब्बत में दिल निहाल हुआ करता था,
उनपे अब ग़ुस्से की बौछार कैसे करूँ...

गुनाहों का हिसाब

मेरे रास्ते जैसे कुछ आसान हो गए हैं,
जब से तुम्हें तुम्हारी ही नज़रों से देखा हैं –

अब तुम्हारे गुनाहों का हिसाब नहीं माँगती दिल
जो ख़ुद को ख़ुद से न बचा पाया,
जिसे क्या ग़लत, क्या सही – ये भी नहीं समझ आया,
उससे कोई जवाब नहीं माँगती दिल।

पहले परवाह करती थी तुम्हारी
अब दुआ करने लगी है –
ए ख़ुदा, उसको उसके सच से मिला दे,
उसने क्या खोया है और क्या पाया है –
उसकी रूह को ये तो बता दे...

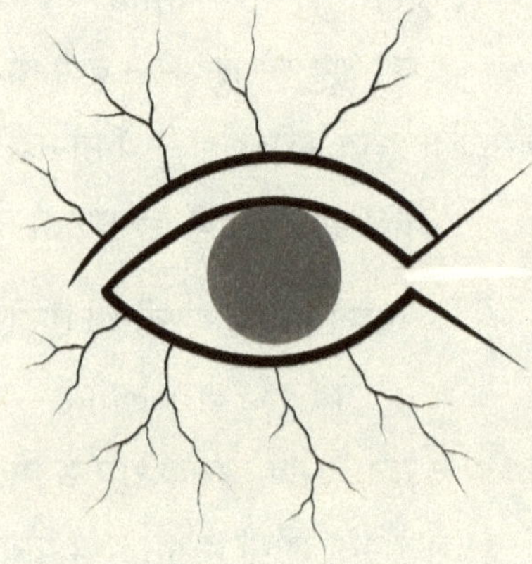

कोशिश और मलाल

जीने की कोशिश करते करते,

ज़िंदगी निकल रही है।

पर मजाल है दुख ने हार माना हो कभी,

और साँसों ने भी क्या खूब डट के मुकाबला किया है।

पर इन सब के बीच जैसे ज़िंदगी ठहर गई –

उम्र और तजुर्बे दोनों ही बढ़े हैं,

पर आँखों की चमक घट गई।

मासूमियत तो हर दिन रोई है,

पर अब कुछ खास मलाल भी नहीं,

जो है वो सही, जो नहीं है शायद वो खास ही नहीं...

तजुर्बा और ज़िंदगी

ज़िंदगी और तजुर्बे को उम्र से नापने वाले लोगों को बताओ कोई,

कि हर कोई खुशनसीब नहीं इस दुनिया में,

कोई ज़िंदगी में तजुर्बा ढूंढ़ते मर जाता है,

और कोई तजुर्बे में ज़िंदगी ढूंढ़ता रह जाता है...

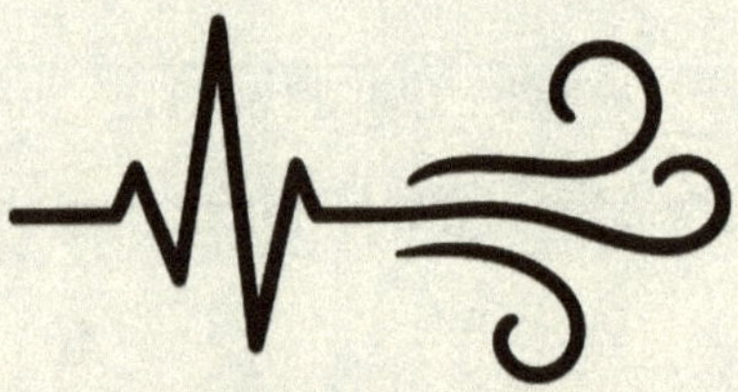

साँसों का उसूल

इन साँसों का भी अपना ही उसूल है –

खुश हो तो पता नहीं कैसे भागती हैं,

और दुखी हो तो एक-एक गिन्नी पड़ती हैं।

सोचती हूँ,

कौन सा शख़्स होगा

जो इन साँसों से भी मोहब्बत करता होगा भला?

मिली-जुली ज़िंदगी

ख़ुशी से शना मिज़ाज कैसा होगा?

बिना बुराई के समाज कैसा होगा?

रोशनी को भी तवज्जो अंधेरों से मिली है

मेरे दोस्त, बिना दिक्कतों के तेरा साम्राज्य कैसा होगा?

सोचो आँखों के पास आँसू न हो,

तो हँसी में जज़्बात क्या होगा?

दुखों से भाग के दरबार कौन जाएगा?

सुखों को समेटने की मिसाल कौन बनाएगा?

मेरे दोस्त, ये मिली-जुली सी ज़िंदगी स्वीकार भी करो तुम।

पता है आज रोए हो जी भर के,

अब मुबारक चाँद का इंतज़ार भी करो तुम...

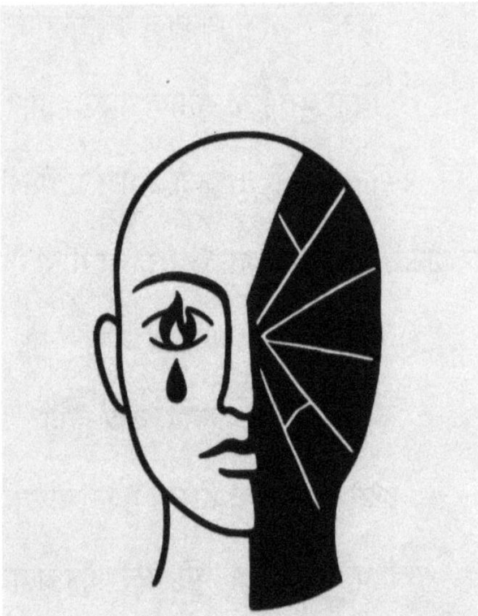

कौन ज़्यादा बर्बाद

आओ देखते हैं कौन ज़्यादा बर्बाद है?

हाँ, मेरी कहानियों में उलझने थोड़ी ज़्यादा है,

पर मेरी दुआएँ मुझे सोने तो देती हैं।

मैं फ़र्क कर पाती हूँ

अपने ग़लत और सही में,

ज़मीर मेरी आज भी दहाड़ती है,

मेरी आँखों का स्वाभिमान ज़िंदा है,

हर वक्त मुझे पुकारता है।

तुम बताओ –

सोए हुए ज़मीर के साथ

तुम कैसे ज़िंदा हो?

इतने बर्बाद होकर

तुम ख़ुद के कैसे पसंदीदा हो?

वक़्त की ख़ूबसूरती

वक़्त की यही तो ख़ूबसूरती है,

कि वो बदल जाता है।

आज वो तुझ पर मेहरबान है,

तो थोड़ा क़द्र कर ले।

मत लगा इतनी तोहमतें,

तू अपने ही किरदार पे।

बेचके ज़मीर तू –

कैसे जी पाएगा?

जो ओझल हो गई आँखों से सुबह ये –

तू रात में दिख भी नहीं पाएगा...

तुम्हारे लिए किसको बनाया

इतनी बार माँगा है तुम्हें दुआओं में,

और कहाँ नहीं बाँधा मैंने मन्नत का धागा,

फिर भी नहीं मिल रहे तुम,

तो ये सोचती हूँ –

कहीं खुदाई तो नहीं हार गई तुम्हारे जिद्द के आगे?

या फिर तुम्हारे लिए भी बनाया है किसी मगरूर को,

कि तुम भी एक दिन उसके दर पे माथा टेकने आओ

और मन्नत की चादर चढ़ा के जाओ...

गिरफ्त में है मेरी सोच क्या?

गिरफ्त में है मेरी सोच क्या,
जो हर बार तुम्हें ही ढूँढ लेती है?
और तुमने कौन-सा ताला लगाया है
अपनी सोच पर,
जो तुम्हारी इजाज़त के बिना
कहीं जाती ही नहीं?

और इसे तुम
'खुद पर इख़्तियार' कहते हो?
मुश्किल हो रहा है समझना –
जब तुम्हारी सोच ही आज़ाद नहीं,
तो तुम खुद को आज़ाद
कैसे कह रहे हो?

ख़ुद की अहमियत

मुझे ख़ास किरदार चाहिए

मुझे नहीं बनना –
किसी की कहानी का एक छोटा किरदार,
जब मैं लिख सकती हूँ ,
अपनी कहानी में एक ख़ास किरदार।

तुम इसे अब कह लो,
मेरा अभिमान,
या चाहे न हो,
ये तुम्हारी संस्कृति की बात।
पर अब ये ख़याल
मुझे पुरा करती है।

थोड़ी अजीयत है अकेले रह जाने की,
पर ख़ौफ़ है तो सिर्फ़
ख़ुद को खो जाने की।

मुझे इश्क़ है मेरे नाम से,
जो मुझे नहीं बदलना,

तुम्हारी कहानी में
लिखे जाने से...

रंगमंच और तलवार

हर दूसरी कहानी मुझे एक सी लगती है।

ये बताओ –

क्या तुमने अपनी अदाकारी अच्छे से निभाई?

अगर निभाई,

तो मत सोचो ज़्यादा अब।

दूसरा रंगमंच तैयार हो रहा है तुम्हारे लिए –

तुम अपना मुकुट उठाओ,

और तलवार भी...

कमबख्त सब मुझे सिखाने आ रहे हैं

कमबख्त सब मुझे सिखाने आ रहे हैं,

जानती हूँ वक़्त ख़राब है मेरा,

लेकिन ये तो हर बार आज़माने आ जाते हैं।

इनके हिसाब से तो मुझे

करके थोड़ा ऊपर-नीचे - बस जी लेना चाहिए।

नहीं पता –

ये मुझे बचाने ,या डुबाने आ रहे हैं ?

कौन हो तुम?

सोचती हूँ कभी –
क्या तुम इतने ही बेरुख़े थे,
या तुम्हारे एहसास,
बारिश में धुल तो नहीं गए ?
कहीं बादलों ने काला कर दिया हो
तुम्हारा दिल ?
कोशिशें कहीं अपाहिज तो नहीं हो गईं ?
सोच पे मकड़ी ने जाल तो नहीं बनाया ?
और ख़याल तुम्हारे बर्बाद तो नहीं हो गए ?
नहीं जानती मैं तुम्हें ऐसे
कौन हो तुम?
या फिर बस मौन हो तुम?

जज़्बातों के रंगीन काग़ज़

मैं हर एक एहसास का पर्चा बनाती हूँ ,
रंगों से उसको थोड़ा सजाती हूँ ,
हर एक पे किसी का नाम है ,
कुछ काले-नीले पर्चे हैं –
जिनकी कहानियों में नहीं हुआ
कुछ अच्छा अंजाम है।
कुछ गुलाबी-पीले पर्चे हैं,
जिसपे मैंने अपने जज़्बात किए
ख़र्चे हैं।

तुझे सफेद पर्चे पे लिखा है,
पता नहीं रंग कौन-सा चढ़ाऊँ ?
अभी के लिए बस लिख के रख दिया है,
पर्चे को उस डब्बे में,

सोचती हूँ –
एक दिन जब मैं 60 की हो जाऊँगी,
क्या इस पर्चे को तब भी रंग दे पाऊँगी?
पढ़ूँगी तो ज़रूर इस एहसास को फिर से,

पर सालों के बाद भी क्या –
कुछ महसूस कर पाऊँगी?

एक बाक़ी मुलाक़ात

एक दिन तुम भी बग़ीचे में,
बैठकर शाम की चाय पी रहे होगे।
और तुम्हारा ध्यान फिर तितलियाँ ले जाएँगी,
कुछ देर उनको देखकर,
फिर तुम किसी और ख़यालों में चले जाओगे,
और वहाँ मिलेंगे हम।
उम्मीद है वहाँ तुम,
अपनी नासमझी को साथ नहीं लाओगे।
वक़्त तब तुम्हारे पास भी कम होगा,
मेरे पास भी।
फिर तो शायद तुम भी अपना सच बताओगे,
तुम्हारे हर सच में मोहब्बत,
की उदासी होगी।
मैं समझूँगी ज़रूर तुम्हें,
पर ये नहीं बताऊँगी।
तुम हँस के बोलोगे कि मिलेंगे फिर से –
और मैं हँस के ही मना कर जाऊँगी...

सफ़ेद घोड़े पर उम्मीद

कुछ ऐसे मिली थी मैं उससे,
साँसें बस रुकने ही वाली थीं।
दिल ने ऐतबार कर लिया था,
कि अब आज़माइश नहीं रुकेगी।

और फिर वो उम्मीदों के सफ़ेद घोड़े पर सवार
मेरे सामने आ गया।
मेरी आँखें धुंधला सी गईं,
और यक़ीन बौखला गईं।

पर उसने मेरे काँपते हाथ को
बस ज़ोर से पकड़ लिया।

मेरे शब्दों ने जैसे मुझे उम्मीद का घर दिया।

मेरे शब्दों से मेरा रिश्ता कुछ ऐसा है –
वो मेरे हर एक दर्द को बैठकर आराम से सुनती है,
हर एक बेनाम दर्द को नाम देती है,
और फिर मुझे सुकून से सुला देती है...

रब्ब से मोहब्बत

रब्ब से पहली मुलाक़ात

अब मैं रब्ब से आसान ज़िंदगी नहीं माँगती,

खूबसूरत रास्ते नहीं माँगती,

लहराती मंज़िलें नहीं पूछती,

मांगती हूँ अब थोड़ा सुकून इस ज़िंदगी में।

हिम्मत उस रास्ते पे,

मंज़िले मिली तो ठीक है,

नहीं तो रास्ते कोई और दिखा देना।

रब्ब जब तू समझ आया मुझे,

सब कुछ आसान हो गया।

इतना सा ही सच था,

और मैं जैसे इस जग में मेहमान हो गया।

मैं पहले साँसें गिन के लेता था,

अब इन साँसों का कर्ज़दार हो गया...

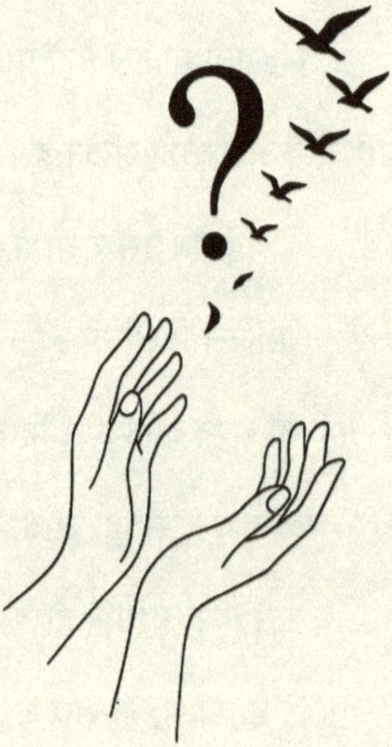

हर सवालों का जवाब

रब्ब, तेरी इबादत भी क्या चीज़ है,
मैं तेरे दर पे सवाल लेके आई थी –
मैं रोज़ आके बस तुझसे वही एक सवाल पूछती रही,
तू हर दिन अंजाना बनके मुझे बस सुनता रहा।

मैं मेरी ज़िद पे अड़ी रही,
तू भी अपनी ज़िद पे बना रहा।
एक दिन – जब तक मैं हार न गई,
और मैंने तुझसे कुछ पूछना ही छोड़ दिया।

तब तूने – तेरे होने का एहसास दिलाया,
अब क्या उन सवालों में रखा है,
ये मुझे बख़ूबी समझ आया...

मैं लेखक हूँ

मैं शायद इस कहानी का हिस्सा हूँ ,
जिसे भगवान ने लिखा है –
यही सोचती थी मैं,
जब कुछ रह जाता था,
जब दिल टूट जाता था।

एक दिन ख़याल आया,
ये भी तो मुमकिन है –
कि अपनी ही कहानी की योद्धा हूँ , और लेखक भी,
और भगवान मेरी लिखी कहानियों को थोड़ा सुधार देते हैं,
जो पंक्तियाँ नहीं अच्छी, उन्हें निकाल देते हैं,
और कुछ ख़ूबसूरत पंक्तियाँ डाल देते हैं।

पर लेखक तो मैं ही हूँ...

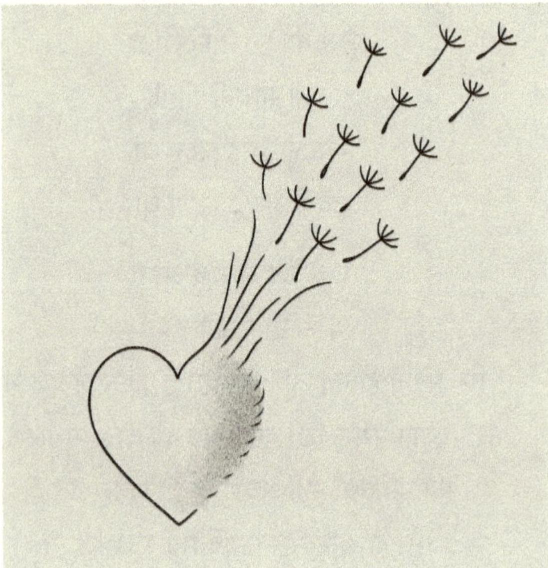

सफ़ेद इश्क़

मेरे सफ़ेद इश्क़ पर कोई भी रंग चढ़ जाता है,
हरा, गुलाबी, पीला तो ठीक है ,

डर है कोई निराला रंग न चढ़ जाए,
जिसपे कोई और रंग नहीं चढ़ता,
कहीं वो काला रंग न चढ़ जाए।

ए ख़ुदा, इससे पहले
तू अपना रंग क्यों नहीं चढ़ा देता?
सुना है सुनहरा पसंद है तुझे,
मुझे सुनहरा क्यों नहीं बना देता?

www.ingramcontent.com/pod-product-compliance
Lightning Source LLC
LaVergne TN
LVHW090334210926
848480LV00004B/1405